CERDDI GWALCH

Limrigau Lyfli

Golygydd
Myrddin ap Dafydd

Lluniau
Siôn Morris

Gwasg Carreg Gwalch

Argraffiad cyntaf: 2012
© limrigau: y beirdd 2012
© darluniau: Siôn Morris 2012

Rhif Llyfr Safonol Rhyngwladol:
978-1-84527-384-2

Mae'r cyhoeddwyr yn cydnabod cefnogaeth ariannol
Cyngor Llyfrau Cymru

Dylunio clawr: Elgan Griffiths
Dylunio tu mewn: Siôn Morris

Cyhoeddwyd gan Wasg Carreg Gwalch,
12 Iard yr Orsaf, Llanrwst, Dyffryn Conwy, Cymru LL26 0EH.
Ffôn: 01492 642031
Ffacs: 01492 642502
e-bost: llyfrau@carreg-gwalch.com
lle ar y we: www.carreg-gwalch.com

Argraffwyd a chyhoeddwyd yng Nghymru

Cynnwys

Beth yw limrig?

Dipyn o hwyl a sbort yw'r penillion byr, pum llinell sy'n cael
eu galw'n limrigau. Mae rhythm doniol i'r pennill ac mae'n
bwysig chwarae â geiriau a chynnwys digon o hiwmor.
Dyma un gan Geraint Løvgreen, un o bencampwyr y limrig,
ar sut i lunio limrig:

Mae angen dwy linell fel hyn,
Sef honno, a hon, a wed-yn
    Rhowch ddwy linell fer,
    Mae'n hawdd, dydi? Er,
Mae'n dipyn haws llunio eng-lyn.

Dyma rai gan Arwel 'Pod' Roberts sy'n egluro rhagor am
y limrig:

Does dim byd yn gymhleth am limrig.
Mae'n fesur bach hynod o lithrig.
    Pum llinell, deud gwir –
    Dwy fer a thair hir.
Mae llai yn gwneud pethau yn chwithig.

Mae'r ddwy linell gyntaf yn odli –
Efo'i gilydd, os oes raid i chi holi.
    Odli hefyd mae'r drydedd
    Efo hon, y bedwaredd.
A'r olaf? Wel, mae'n amlwg, siŵr gen i.

I gloi, mae un pwynt ychwanegol
A hwnnw'n un pur dyngedfennol –
   Gair o gyngor caredig
   I rai annysgedig –
Mae limrig i fod yn beth doniol.

Darllenwch rai o'r limrigau yn y llyfr i ddechrau ac os
hoffech chi roi cynnig ar wneud limrig eich hun, trowch at
gefn y llyfr. Pob hwyl ar y limrigo!

Wrth eistedd i gael macaroni
I swper, mi ganodd fy ffôn i;
    Roedd yno fecanic
    Mewn cythgam o banic
Yn gofyn i mi os ma' car o'n i.

Myrddin ap Dafydd

A 'ngheg i yn llawn tagliateli,
Rwy'n gweiddi am ragor o jeli;
    Pigo 'nhrwyn wrth y bwrdd
    A cherdded i ffwrdd
I edrych be sydd ar y teli.

Myrddin ap Dafydd

Aeth bachgen o ardal y Glais
At athrawes i wella ei lais.
　　Roedd hi'n posh ac yn flin
　　Ac yn perthyn i'r cwîn
A nawr ma fe'n canu fel Sais.

Dewi Pws

Mae bachgen o fro Argentina
Yn gampwr ar drin consertina,
　　Rhwng bod Lisi ei whâr
　　Yn un lew ar gitâr
Mae 'na halibalw yn y tŷ 'na.

W. R. Evans

9

Un Dolig aeth Sais lawr i'r docs
I ganu'n noethlymun mewn clocs.
    'Rôl '*Early One Morn*'
    Fe rewodd e'n gorn –
Mae e nawr yn y fynwent mewn bocs.

Dewi Pws

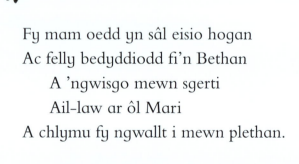

Fy mam oedd yn sâl eisio hogan
Ac felly bedyddiodd fi'n Bethan
    A 'ngwisgo mewn sgerti
    Ail-law ar ôl Mari
A chlymu fy ngwallt i mewn plethan.

Jôs Giatgoch

Fe aeth 'na ryw foi o Waunfawr
Ati i dyfu mwstásh mawr, mawr, mawr,
   Ond ac yntau'n ddwy lathen
   Ac yn denau fel brwynen
Edrychai 'run fath â brwsh llawr.

Llion Derbyshire

Un gry' 'di Nans, gwraig Alwyn,
Mae ganddi nerth dau stalwyn.
   Enillodd Nans
   Y *Tour de France*
Yn reidio beic tair olwyn.

Jôs Giatgoch

Tra'n meindio fy musnas mewn coedan,
Ymosodwyd arnaf gan biodan,
   Dwy gog a dwy sguthan,
   Dau robin a gwylan,
Tri thitw, dau ddryw a choloman.

Dewi Prysor

Ar ôl croesi ceiliog 'fo banana,
Roedd Proffesor von Crakpot yn ama
   Pa werth i fyd amaeth
   A lles i ddynoliaeth
Wnâi ffrwyth sydd yn canu bob bora.

Dewi Prysor

Cysgu'n y bath wnaeth Wil Nant,
Pan ddeffrodd, edrychai tua chant.
    Am wythnos bu'n sychu,
    Mae nawr 'di crebachu
Ac yn gwisgo hen ddillad y plant.

Jôs Giatgoch

Roedd dyn bach yn byw'n Aberteifi
Yn hoff iawn o datws a greifi.
    Roedd ei wraig, o Nanhoron,
    Yn hoff iawn o foron –
Dyna pam roedd ei gwallt hi yn weifi.

Geraint Løvgreen

'Beth sy'n odli 'da "barnedigaethau"?
Holodd bachgen yn ysgol Sul Caerau.
    'Does gen i ddim syniad,'
    Oedd ateb y ffeiriad,
'A grwt, rwyt ti'n mynd ar fy nerfau!'

Dewi Pws

Mae gen i bysgodyn bach aur
Enilles un tro yn y ffair.
    Pan mae 'i geg e yn lledu
    Mae'n siarad, rwy'n credu,
Ond dwi erioed wedi clywed 'run gair.

Dewi Pws

Yn lojio mewn chwarel yn y Blaena
Roedd heffer a hwch a *hyena*,
    Cyrhaeddodd babŵn
    A dechrau gwneud sŵn –
'Tydw i ddim am fyw efo'r rheina!'

Dorothy Jones

Un diwrnod ger Llyn Craig y Dre,
Daeth brithyll o dwn i ddim ble,
    Fe neidiodd o'r dŵr
    A chipio, heb stŵr,
Fy sglodion – a'u bwyta i de.

Carys Jones

Wrth edrych o ben yr Wyddfa
Fe welwn fy ngwlad oddi tana,
Pob bryn a phob rhan
O bob plwy a phob llan,
Pob man ond tŷ ni a drws nesa.

Dewi Prysor

Wrth edrych o ben yr Arennig
Gwelais ieti yn crwydro yn unig,
Mi sbïais drwy sbinglas
A chael sioc o weld dynas
Oedd yn flewog, flewog ddiawledig.

Dewi Prysor

Wir yr, mae 'nheulu i'n boncyrs!
Hoff bwdin fy nain ydi concyrs.
    Bwyd ieir efo'i goffi
    Mae Taid yn ei hoffi,
A Mam yn rhoi jam ar *fish fingers*!

Dorothy Jones

Mae modryb sy'n byw yn Rhosgwalia
Yn rhoi dônyts yn styc dros ei chlustia
    I wrando grŵp pop
    Drwy'r nos yn ddi-stop,
Ac wedyn eu bwyta'n y bora!

Dorothy Jones

Y pigwr trwyn enwog o Sblot
Sydd wrthi ers pan mae'n ei got,
    A'r cwestiwn mawr sydd
    Ar strydoedd Caerdydd:
Be gebyst mae'n 'wneud â'r holl snot?

Myrddin ap Dafydd

Roedd gan fy hen fodryb ryw wae
Fod pobol yn marw'n eu gwlâu.
    Perodd gymaint o loes
    Iddi gydol ei hoes,
Bu'n cysgu am hydoedd mewn cae.

Tony Llewelyn

Roedd *alien* yn syrjyri'r doctor
Yn cwyno 'fo poen yn ei ochor,
   Roedd rhaid i mi stopio
   Deud jôcs digri wrtho –
Ni fedrai o gymryd fawr rhagor.

Dewi Prysor

Es i wylio gêm ffwtbol rhwng chwilod
A thîm o bob math o drychfilod,
   Ond trodd yn gyflafan
   Pan fwytwyd y cyfan
Gan fanijar tîm y llyffantod.

Dewi Prysor

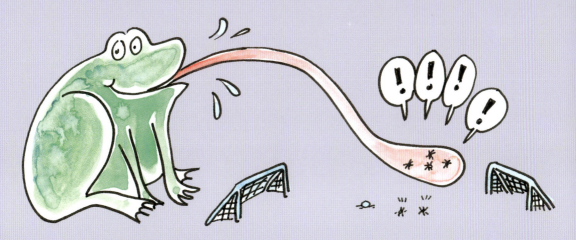

Roedd plant Blwyddyn Pedwar o Amlwch
I gyd wedi dal rhyw hen salwch,
    Bob tro y dôi'n adeg
    Cael gwers Fathemateg,
Roedd pawb yn ei ddyblau yn peswch!

Dorothy Jones

Roedd hen adeiladydd Penstrwmbwl
Ar ganol ei hoff bwdin crwmbwl
    Pan aeth gwynt Labradôr
    Â'i do 'fewn i'r môr
Gan oeri y cwstard a chwbwl!

Myrddin ap Dafydd

Roedd dyn bach yn byw'n Abertawe,
Ac roedd rhywbeth yn bod ar ei law e.
    Roedd o'n honni nad fo
    Oedd y *Red Scarlet Claw*
Ond roedd pobol yn eitha siŵr taw e.

Geraint Løvgreen

Mae castell i'w gael yng Nghaernarfon
Adeiladwyd mewn lle digon gwirion.
    Pwy gafodd y syniad
    O roi'r fath adeilad
Yn ymyl siop kebabs a sglodion?

Hedd Bleddyn

Hen niwsans yw corgi drws nesa,
Mae'n anodd ofnadwy ei ddiodda.
    Bob tro, welwch chi,
    Mae'n pasio'n tŷ ni
Mae'n mynnu pi-pi ar fy mloda.

Edgar Parry Williams

Un od ar y naw ydoedd Alys,
Roedd hi'n canlyn â boi o Alltwalis;
    Roedd hwnnw yn driw
    I dîm ffwtbol Man Iw,
Ond roedd Alys yn ffan Crystal Palys.

Geraint Løvgreen

Wrth edrych drwy'r ffenest un bora
Dychrynais o weld dim byd yna,
    Dim tai na dim stryd,
    Dim coed na dim byd,
Deud gwir, o'n i'n twll dan y grisia.

Dewi Prysor

Wrth edrych drwy'r ffenest un bora
Ges i'n hitio gan belan o eira,
    Ac ynddi roedd nodyn,
    'Cau'r ffenast, y jolpyn!'–
Mi gofia i wneud y tro nesa.

Dewi Prysor

Wrth edrych drwy'r ffenest un bora
Be welis 'di dal mewn hen drapia
    Ond tri changarŵ,
     Tri boi mewn canŵ,
Tair dafad a hanner y Bala.

Dewi Prysor

Wrth edrych drwy'r ffenest un bora
Fe welis yr *aliens* rhyfedda
    Heb lygid na chlustia,
    Na breichia na choesa,
Doedd dim pwynt i mi weiddi 'Ewch o'ma!'

Dewi Prysor

Yn ffeinal Ras Falwod Cwm Aled
Enillodd yr un efo helmed:
    Fe saethodd i ffwrdd
    I ben draw y bwrdd
Lle 'steddai Wil Hwrdd efo'i fagned.

Jôs Giatgoch

Gan feddwl fod popeth ar ben,
At feddyg yr Urdd yr aeth Ken,
    Fe ddychwelodd o wedi
    Cael tair o dabledi,
Un werdd ac un goch ac un wen.

Jôs Giatgoch

Pan oeddwn ar ganol fy swper
Mewn restront oedd yn rhy lawn o'r hanner,
    Gollyngais 'un fach'
    Yn dawel, heb strach,
A gwagiais y lle heb anhawster.

Dewi Prysor

'Rôl cyfri dros filiwn o ddefaid
A gwylio pry cop yn dal pryfaid,
    Mi es i nôl sosban
    A waldio fy nhalcan,
Ac o'r diwedd fe gaeais fy llygaid.

Dewi Prysor

Profiad go flin gafodd Santa
Un noson wrth rannu presanta,
    Doedd 'run corn ar y to –
    Aeth Santa o'i go,
Do, bu ar ben y to tan ben bora.

Selwyn Griffith

Mae 'na ddynes yn byw'n Aberhosan
Sy'n golchi ei gŵr mewn hen sosban,
    Mae'n molchi ei phlant
    Mewn pwll yn y nant
Ac yn molchi ei hunan mewn cwpan!

Eirug Wyn

Bob nos, ar fy myw, rwy'n breuddwydio
Am ddyn rhyfedd na wn i ddim pwy 'dio;
    Mae o'n grwn ac yn dew
    A does ganddo ddim blew.
Dwi'm yn siŵr, ond dwi'n meddwl mai wy 'dio.

Geraint Løvgreen

Aeth hogyn o bentre bach Plwmp
I seiclo, ond collodd ei bwmp;
    Wrth frêcio i'w nôl o
    Aeth bws i'w ben-ôl o;
Pan gododd, roedd ganddo fo lwmp.

Myrddin ap Dafydd

Roedd dyn bach yn byw 'Mhen-y-groes,
Hoffai eistedd mewn llond bath o does.
　　Roedd un arall yn hoffi
　　Gorweddian mewn toffi –
Mae 'na bobol reit od yma, yn does?

Geraint Løvgreen

I Twm doedd dim sôn am ei fag o
Pan laniodd yn nhre Santiago;
　　Roedd Twm yn reit flin –
　　Roedd o, welwch chi'n
Santiago, a'i fag o'n Chicago.

Myrddin ap Dafydd

Mi es i fin nos i bysgota
Ar lannau Llyn Tegid, ger Bala;
    Wrth obeithio dal wopyr
    Ges i stori y monstyr
A bachais y bws cynta adra.

Dewi Prysor

Mi es i fin nos i bysgota
Pan ddaeth *aliens* mewn soser llawn platia,
    Â golwg reit lwyd
    Ar ôl taith hir heb fwyd,
Yn chwilio am rwbath i fyta.

Dewi Prysor

Mewn noson gwisg ffansi'n y colej
Aeth Twm wedi'i wisgo fel sosej.
    'Rôl andros o sbri,
    Aeth adra tua thri
A bwytaodd ryw gi o'n y pasej.

Eilir Rowlands

Un Dolig roedd Mam am arbrofi,
'Byddai camel yn neis yn lle twrci,'
    Ac yn wir, doedd ei flas
    Ddim yn erchyll o gas,
Ond roedd ambell i lwmp yn y grefi.

Llion Jones

Roedd dyn ar y stryd ym Mhwllheli
Yn bygwth ac yn ymddwyn fel bwli,
    Ond daeth hogyn o Nefyn
    A'i ddyrnu o dipyn
A'i adael yn crio fel babi.

Dewi Prysor

Wrth gerdded y stryd yn Llantrisant
Ymosodwyd arnaf gan lyffant
    Fu'n sboncio a neidio
    Ar fy mhen cyn 'mi 'i stopio,
Diolch byth nad oedd o yn eliffant!

Dewi Prysor

Roedd dyn bach yn byw ym Mhwllheli
A'th ati i neud tunnell o jeli.
    Wrth gymysgu y cyfan
    Fe gwmpodd i'r cafan,
Ma fe nawr yn stiff ac yn wobli.

Ifan Gruffydd

Pan es i i nofio'n Llyn Tegid
Ges i gythraul o ofn, oblegid
    Daeth anghenfil o'r dŵr
    A'm bygwth, do, siŵr,
Ond ges i'n achub gan hen ŵr caregid.

Geraint Løvgreen

Gwadu fod ganddo fo grwban
Yn ei fag wnaeth y gwleidydd cyn hedfan,
    Ond agorwyd y bag
    Gan y dyn cystoms, ag
Yn araf, mi ddaeth y gwir allan.

Dewi Prysor

Roedd Tomos ap Tomos ap Twm
Yn un da iawn am daro ei ddrwm,
    Roedd o wastad ar amser
    Am ei fod wedi arfer
Cael ei alw'n Twm–ti–twm–twm Twm.

Dewi Prysor

Roedd bachgen o ardal Taliaris
Yn gyrru ei feic yn ddanjerus,
    Ond pan oedd ar y tro
    Aeth bang fewn i lo,
Mae nawr yn fwy slo a gofalus.

Jac Oliver

Roedd dyn bach yn byw ym Methesda
Âi i gefn ei fan am siesta.
    Un dydd gwnaeth fistêc
    Ac anghofiodd roi'r brêc:
Mae o bellach yn byw yn Man-chesta.

Geraint Løvgreen

Roedd dyn ar y stryd ym Mhwllheli
Yn taeru nad oedd yn bodoli,
    Os ddudodd o unwaith
    Fe ddudodd o ganwaith,
Ond doedd neb ar y stryd wedi sylwi.

Dewi Prysor

Roedd dyn ar y stryd ym Mhwllheli
A'i floneg yn crynu fel jeli,
    Bob tro cym'rai gam
    Fe grynai pot jam
Yng nghwpwrdd tŷ Mam yn Llangybi.

Dewi Prysor

Mae'n blesar o'r mwya bod yma,
Yn bleser bod yma o'r mwya,
    Bod yma sy'n blesar
    O'r mwya bob amsar –
O diar! Be ddweda i nesa?

Edgar Parry Williams

Gofynnais i siopwr o'r Bermo
'Ai llygod a welaf yn fan'co
    Rhwng y menyn a'r gwin?'
    'Itha reit,' ebe'r dyn,
'Dwy geiniog yr un maen nhw'n gostio.'

Megan Evans

Daeth dyn o Awstralia i'r Blaena
'Rôl teithio rownd y llefydd pella,
    Roedd ganddo ganŵ,
    A dijeridŵ –
Mi brynodd y ddau yn y Bala.

Dewi Prysor

Rhyfeddais pan glywais y stori
Fod Mars yn nes atom eleni.
    Ond mae hyn yn ffars –
    Dwi'n reit siŵr bod Mars
Yn ein siopau ers nain-tin-sefnti.

Dewi Prysor

Anifail reit handi yw'r asyn
I'r plant gael reid ar y tywyn,
    Ond pan ddywed e 'Stop!'
    Dyw e fawr iawn o gop,
Does dim posib 'i symud e wedyn.

Anhysbys

Un noson breuddwydiais fy mod i
Yn bwyta marshmalo blas taffi
    A hwnnw'n un mawr.
    Pan ddeffrais mewn awr
Roedd fy nghlustog i wedi diflannu.

Arwel 'Pod' Roberts

Wrth edrych drwy'r ffenast un bora
Gwelais ieir yn ffraeo am wya:
    'Gwna omlet!' medd un,
    Medd llall, 'Gwna 'i dy hun,
Dwi'n brysur yn dodwy'r un nesa.'

Dewi Prysor

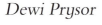

    Wrth edrych drwy'r ffenast un bora
    Gwelais ieir yn cymharu eu wya;
        'Mae hwn yn un crwn.'
        'Yndi, mi wn,
    Ond dydi o'm mor fawr â'r un yma.'

    Dewi Prysor

Wrth edrych drwy'r ffenast un bora
Gwelais falwan yn ymlwybro tuag ata;
    Fe'i gwyliais am wsnos,
    Es i Sbaen am bythefnos,
A phan ddois i'n ôl roedd dal yna!

Dewi Prysor

Wrth edrych drwy'r ffenast un bora
Gwelais falwod yn canu carola;
    Os na wnân nhw frysio
    Bydd Dolig 'di pasio,
By' nhw dal yn yr ardd flwyddyn nesa.

Dewi Prysor

Wrth yrru ar draws Pont Britannia
Ces sgwrs â'r bawdheglwr rhyfedda.
  'Is Llanfair PG
  Some kind of a tea?'
'Don't know,' meddwn i, 'no idea.'

Anhysbys

Mae meddwl yn rhywbeth dwi'n neud
Pan dwi ddim isio gneud, dim ond deud.
  'Na' i feddwl a meddwl
  A meddwl a meddwl
Tan yn diwedd fydd 'na'm deud na gneud.

Geraint Løvgreen

Wrth edrych drwy'r ffenast un bora
Gwelis fyddin o sgidia'n mynd adra,
    A chloff oedd y llu,
    A'u llygaid yn ddu,
'Rôl cael cweir gan lond dwrn o glocsia.

Dewi Prysor

Wrth edrych drwy'r ffenast un bora
Fe welis i lond dwrn o glocsia
    Caled ar y stryd,
    Yn hapus eu byd,
Ar ôl ennill ffeit fawr efo sgidia.

Dewi Prysor

Wrth edrych drwy'r ffenast un bora
Mi welis i glamp o fanana
    I fyny'n y nen,
      Ond ar ôl crafu 'mhen,
Mi welis mai'r lleuad oedd yna.

Dewi Prysor

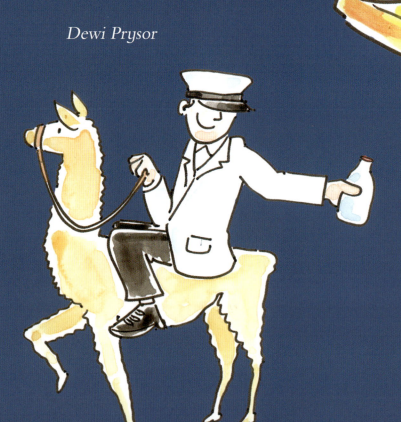

Wrth edrych drwy'r ffenast un bora
Daeth y dyn llefrith heibio ar lama;
    Ddoe roedd ar gamal
      Oedd â golwg reit wamal –
Dim yn amal ti'n gweld hynny ffor'ma.

Dewi Prysor

Sbonciodd i mewn i'r pwll nofio
O uchder, yn 'twistio' a 'twyrlio'
    Ond glaniodd fel brechdan
    A suddo fel swejan,
A gadael ei drôns yn arnofio.

Dewi Prysor

Rhyfeddais pan glywais y stori
Fod porthladd i'w gael yng Nghaergybi,
    A bod posib dal fferi
    Draw i Dún Loaghaire,
A minna 'di nofio o Bwllheli.

Dewi Prysor

Rhagor o help llaw

Ar ôl darllen yr holl limrigau yn y llyfr, mi fydd syniad go dda gennych sut i greu un eich hun, ond dyma ragor o help llaw.

Mi fyddwch wedi sylwi bod cynnwys enw lle ar ddiwedd llinell gyntaf yn boblogaidd iawn, yn enwedig enwau o Gymru.
Ac, fel y gwelsoch, mae Pwllheli yn enw poblogaidd iawn!
Ar ôl y llinell gyntaf mae'r limrig yn mynd yn fwy a mwy od, rhyfeddol, doniol a digri.

    Rhowch eiriau i mewn am rywun sy'n dod o fannau gwahanol. Gallwch roi ansoddair neu ansoddeiriau ar ei ôl a chyfeirio at ei swydd hefyd, er enghraifft:

Aeth plismon tew o Lanwrtyd

neu o . . .

Abergele, Caerffili, Aber-soch, Dolgellau, Treganna, Llangollen, Cefn Mawr, Brynsiencyn, Llwyn-onn, Tregaron, Pwllheli.

    Bydd rhai limrigwyr yn ailadrodd geiriau o'r llinell gyntaf yn y llinell olaf gan greu diweddglo bach twt, fel hyn:

Aeth plismon bach tew o Lanwrtyd
I'w wely yn isel ei ysbryd,
    Breuddwydiodd am Jên
    A deffro â gwên
Wnaeth plismon bach tew o Lanwrtyd.

Mae'n hwyl defnyddio enwau personol – fel 'Jên' uchod – mewn limrig. Gallech hyd yn oed ddefnyddio'ch enw eich hun!

Mae cynnwys enwau o wledydd tramor a dieithr yn medru bod yn hwyl mewn limrigau. Dyma ddewis o linellau cyntaf i chi arbrofi gyda nhw:

> Aeth geneth o draeth Honolwlw ...
> Rhyw lencyn o Leamington Spa ...
> Mae bachgen bach rhyfedd o Pluto ...
> Mi welais hen wraig o Calcutta ...
> Roedd dyn bach yn nhre Wageseri ...
> Mae hogyn sy'n byw'n Santa Fe ...
> Mae merch fach o wlad Ecwadôr ...

Dyma un gan Geraint Løvgreen:

> Roedd dyn bach yn byw yn Hong Kong
> Oedd yn hoff iawn o chwarae ping-pong.
> > Doedd ganddo fo'm bat
> > Na phêl, come to that:
> Deud y gwir, roedd o'n chwarae fo'n rong.

Os dowch ar draws llinell gyntaf dda mae modd ei defnyddio ar ddechrau sawl limrig. Dyma rai a welwyd yn aml yn y llyfr hwn:

Wrth edrych o ben . . .
Wrth edrych drwy'r ffenest un bora . . .
Mi es i fin nos i bysgota . . .
Roedd dyn ar y stryd yn . . .
Wel dyma chi'r stori ryfedda . . .
Rhyfeddais pan glywais y stori . . .

Cofiwch fod limrig ar ei orau wrth ei ddarllen yn uchel, felly defnyddiwch eich iaith lafar naturiol a gwneud yn siŵr fod y geiriau'n gyfforddus i'r glust, er enghraifft 'gora' neu 'gore' yn hytrach na 'gorau'.

Gan fod nifer o eiriau'n gorffen â'r llythrennau a, e, i, o, u, w, mae'n hawdd dod o hyd i eiriau sy'n odli â nhw.
Bala, pilipala, la-la, smala, dala, coala
gwe, hwrê, be, lle, me, de, ocê, te
macaroni, ohoni, sioni, siomi, llonni, cymoni, fy sgon i
bwlio, joio, hwylio, bondo, bongo, rhuo
plu, gwasgu, dwlu, dyfalu, bachu, carlamu, caru, amboutu
sw, bw, canŵ, Timbyctŵ, mw-mw, nhw, w, nefiblw

Gwnewch restr o'ch hoff eiriau hwyliog, a da chi, ewch ati i limrigo!